Iris Meyenburg-Altwarg

Führungsethik. Vom Theorieansatz zur praktischen Handlungsanleitung

GRIN Verlag

Bibliografische Information der Deutschen Nationalbibliothek:

Die Deutsche Bibliothek verzeichnet diese Publikation in der Deutschen National-
bibliografie; detaillierte bibliografische Daten sind im Internet über http://dnb.d-
nb.de/ abrufbar.

Impressum:

Copyright © 2005 GRIN Verlag GmbH
Druck und Bindung: Books on Demand GmbH, Norderstedt Germany
ISBN: 978-3-638-92986-8

Dieses Buch bei GRIN:

http://www.grin.com/de/e-book/45117/fuehrungsethik-vom-theorieansatz-zur-
praktischen-handlungsanleitung

Führungsethik

Vom Theorieansatz zur praktischen Handlungsanleitung

Referat am Fachbereich Gesundheitswesen
der Evangelischen Fachhochschule Hannover
im Studiengang Pflegemanagement
im Lernbereich 4 vorgelegt im WiSe 2004 / 2005

5. Studiensemester

Abgabetermin: 25.01.2005

Inhaltsverzeichnis

1. EINLEITUNG

Führungskräfte treffen fast tagtäglich Entscheidungen von weitreichender Konsequenz. Diese wirken sich jedoch nicht nur auf den wirtschaftlichen Erfolg oder Misserfolg des Unternehmens aus, sondern beeinflussen auch in erheblichem Maße das Umfeld und Erleben und damit auch die Leistungsfähigkeit des einzelnen Mitarbeiters. Führungskräfte benötigen neben einer hohen fachlichen Kompetenz, eine ausgewogene und berufsbezogene moralische Kompetenz des Urteilens und Handelns.

Unser berufliches Denken, Fühlen und Handeln ist allerdings geprägt von unseren Erfahrungen und Erwartungen, aber auch von dem Umfeld und unserem eigenen Menschenbild. In der Folge möchte ich mich beschäftigen mit: Was ist Führungsethik, ist sie messbar und wie kann sie sich darstellen. Dabei ist mir ein deutlicher Praxisbezug im Bereich Pflegemanagement wichtig.

In den letzten Jahren ist in vielfältiger Weise über Ethik und ethische Entscheidungsfindung hinsichtlich Patientenbehandlung, Patientenpflege und Forschung publiziert worden. Der Bereich Pflegemanagement wurde deutlich weniger beleuchtet. Pflege-Führungskräfte entwickeln sich häufig aus traditionell sozialorientierten Bereichen wie die der Kranken- und Altenpflege und bedürfen noch der natürlichen Anerkennung. In der Folge spielen oft weiterhin altruistische Führungsweisen oder, um sich von der ursprünglichen Berufsorientierung abzugrenzen, rücksichtslose Führungsentscheidungen eine Rolle. Instrumente und Handlungsorientierungen für moralisches Denken und Handeln in Managementprozessen tragen neben einem langfristigen Unternehmenserfolg eine sinnvolle und notwendige Ausgangsbasis zur Überwindung tradierter Barrieren und zum eigenen Selbstverständnis bei.

Neben einigen Begriffserklärungen werde ich versuchen, ausgehend u.a. von dem kategorischen Imperativ von Kant, die Verknüpfung zwischen Führungsauftrag und Führungsethik herzustellen.

2. BEGRIFFSDEFINITIONEN / EINORDNUNGEN

Ethik ist eine Wissenschaft, die im Laufe der Zeit aus der Philosophie hervorgegangen ist und sich in verschiedene Disziplinen unterteilt. Bisher gibt es kein allgemeinverbindliches und anerkanntes Konzept, welches die verschiedenen Begriffe systematisiert und einordnet.

2.1 Deskriptive Ethik, Normative Ethik, Meta-Ethik

Die deskriptive Ethik beobachtet und beschreibt das Verhalten, die Sitten, Moral und Werte verschiedener Gruppierungen und Kulturen. Die normative Ethik prüft und bewertet –setzt also Normen und Handlungsanweisungen- der geltenden Sitte, Moral und Werte. Die normative Ethik lässt sich weiter unterteilen in deontologische[1] Handlungen also solche, welche an sich gut und sittlich richtig sind und somit universell anwendbaren Prinzipien entsprechen und in teleologische[2] Ansätze. Diese sehen Handlungen dann als gut an, wenn die positiven Anteile überwiegen und das Ergebnis gut ist. Die Metaethik wiederum versucht moralische Aussagen zu analysieren und zu rechtfertigen. Oftmals wird zusätzlich zwischen der Sozialethik (Lehre der Pflichten gegenüber der Gemeinschaft) und der Individualethik, also der persönlichen Verantwortung der eigenen Person und den Mitmenschen als Einzelperson gegenüber, unterschieden.[3]

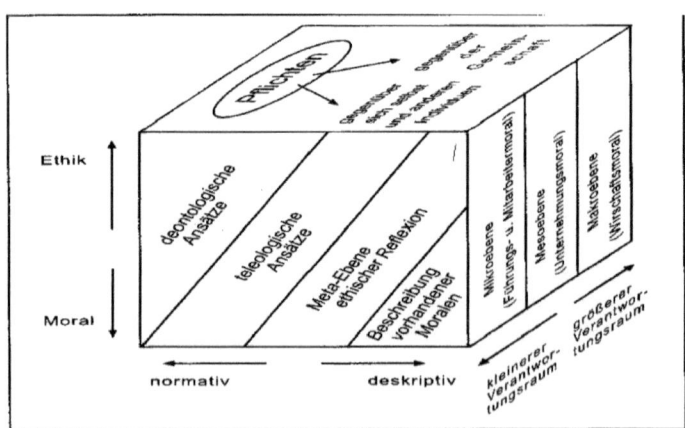

Abbildung 1 Anwendungsfelder von Ethik und Moral aus Märtens, 2000, Seite 18

---

[1] deontologisch von griechisch to dion: das Erforderliche, die Pflicht
[2] teleologisch von griechisch telos: Ende, Ziel, Zweck
[3] vgl. Märtens 2000, Seite 16-17

2.2 Objektebenen der Ethik in der Wirtschaft

In der Wirtschaft unterteilt man Ethik in die Makroebene, die Mesoebene und die Mikroebene. Bei der Makroebene handelt es sich um den Bereich der Wirtschaft allgemein, die Mesoebene bezeichnet das Unternehmen und die Mikroebene zielt auf die eigentliche Führungs- und Mitarbeitermoral ab.

In der vorhergehenden Abbildung wird deutlich, dass die jeweiligen Ansätze einerseits in Beziehung zueinander und andererseits in unterschiedlicher Gewichtung stehen. Beispielhaft kann hier der Ansatz der Führungsebene eher deontologische oder eher teleologische Ansätze enthalten.

2.3 Normative Ansätze - Utilitarismus vs. Kategorischer Imperativ

Der Utilitarismus[4] bildet den wohl bekanntesten Ansatz für die Verantwortungsethik und wird häufig im Bereich der Normenbegründung innerhalb der Unternehmensführung benutzt. Die Zielsetzung des Handelns erklärt sich aus den Nützlichkeitserwägungen. Handlungen sind demzufolge dann als ethisch anzusehen, wenn die Auswirkungen für das Glück aller Betroffenen optimal sind. Gerechtigkeit, zumindest deontologisch gesehen, wird im Utilitarismus nicht in erster Linie angestrebt, sondern das Hauptaugenmerk wird auf die soziale Nutzensumme gelegt. „Gut" ist demzufolge mit „nützlich" gleichsetzt. Oftmals wird Utilitarismus auch als „Pseudoführungsethik" bezeichnet[5].

Kants bekannter kategorischer Imperativ besagt: *„Handle so, daß du auch wollen kannst, daß deine Maxime Gesetz werde."* (Zit. n. Kant: Deius 2000, Seite 71). Kant geht in seiner Vorstellung von einer Vernunft begründeten und nicht zweckgeleiteten Ethik aus. Der Mensch existiert bei Kant als Zweck an sich und nicht nur als Mittel. Hieraus wird deutlich, dass bei Kant neben der sozialen und gesamtgesellschaftlichen Pflicht auch eine persönliche Pflicht gegenüber sich selbst besteht.[6] Daraus kann neben dem deontologischen auch ein teleologischer Ansatz abgeleitet werden. Mit anderen Worten: Der kategorische Imperativ ist weitaus umfassender als Bezugsrahmen und berücksichtigt bei den Handlungsentscheidungen das Gute an sich, verbunden mit positiven Ergebnissen (Nutzen).[7]

[4] Utilitarismus von utilitas: Nützlichkeit
[5] vgl. Märtens 2000, Seite 20
[6] vgl. Märtens 2000, Seite 23ff
[7] vgl. Wittmann 1997, Seite 370ff

3. FÜHRUNGSAUFTRAG UND FÜHRUNGSETHIK

In diesem Kapitel werde ich versuchen die verschiedenen Dimensionen, Strukturen und Regeln aus Sicht des normativen Gesamtzusammenhangs und des jeweiligen Führungsauftrages darzustellen und mit den Ansprüchen und Erwartungen von Führungsethik zu verknüpfen.

In dem unten aufgeführten Schaubild wird deutlich, in welchem permanenten dynamischen Prozess die verschiedenen Ebenen (Makro-, Meso- und Mikroebene) zueinander stehen.

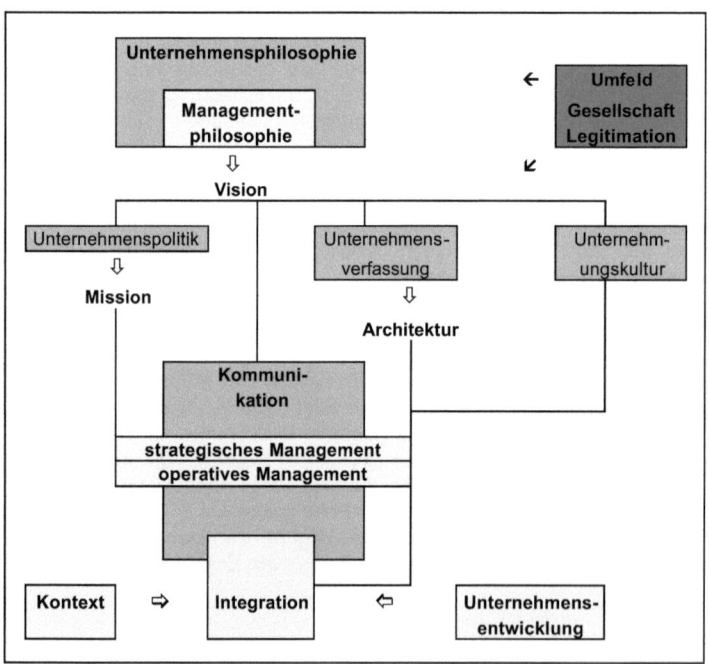

Abbildung 2: Gesamtzusammenhang des normativen Managements aus Karmasin 1996, Seite 174

3.1 Dimensionen

Führungs- bzw. Entscheidungsplattformen bestehen in der Regel aus mehreren Personen, sind eingebettet in unterschiedliche Hierarchiestufen und verbunden mit dem Gesamtkonzept des Unternehmens. Daraus ergibt sich zwangsläufig bereits der Unterschied in Macht und Position zwischen den einzelnen Führungskräften untereinander und deren Umfeld. Ungleicher Informationszugang zu den Leistungen, Ergebnissen und unveröffentlichen Zielen des Vorstandes und den Stakeholdern löst oftmals Managementaktivitäten unter „falschen" Voraussetzungen aus. Persönliche Abhängigkeiten als Führungskraft, z.b. Angst vor eigenem Arbeitsplatzverlust, die eigene anstehende Wiederwahl oder auch Erfolgsbeteiligungen können dazu führen den (mittelfristigen) ökonomischen Anteil stärker zu bedienen als den des längerfristigen ökonomischen Erfolges mit starker Einbindung von „Führungsethik".

3.1.1 Strukturen

Aufgaben von Führungskräften haben sich drastisch verändert. Diese Veränderung wird besonders deutlich in Non-Profit-Bereichen. Während noch vor einigen Jahren das Hauptaugenmerk der Manager daraus bestand Organisationsabläufe zu optimieren, Vorschriften zu überwachen und Stabilität in der Leistungserbringung zu erreichen, sind die heutigen Herausforderungen die, einer kontinuierlichen sich immer schneller verändernden Ausgangslage gerecht zu werden und sich dem turbulenten immer mehr privatisierenden und konkurrierenden Umfeld der Organisationen anzupassen.[8] Parallel dazu wurden Hierarchien abgeflacht, d.h. Verantwortungsebenen herausgenommen und teilweise an der Basis angesiedelt. Inwieweit diese neuen Strukturen auch eine gezielte Förderung der Verantwortungsfähigkeit mit sich gebracht haben ist weniger eindeutig.

3.1.2 Regeln und Interaktionen

Ausgehend von der Erkenntnis, dass die alleinige ökonomische Handlungsentscheidung nicht zu einer auf Dauer angelegten Existenzsicherung führt, sondern nur durch die Verknüpfung mit der dazugehörenden (Führungs-) Ethik zielführend ist. Unternehmerisches bzw. Führungshandeln ist immer auch an spezifische Werteorientierung geknüpft. Diese Sichtweise wird auch dahingehend unterstützt, indem Unternehmen auf die gesellschaftliche Akzeptanz angewiesen sind um zu überleben.[9]

---

[8] vgl. Mayon-White, Seite 196
[9] vgl. Märtens 2000, Seite 13

Markus Huppenbauer geht soweit und erhebt „Ethikkompetenz" zum gemeinsamen Pflichtfach in Unternehmen. Er verweist auf die Aussage, dass in einer wertepluralistischen Gesellschaft es nicht mehr eine einzige absolute Perspektive geben kann. Nach seinem Verständnis geht es darum Regeln aufzustellen, die es ermöglichen moralische Probleme bewusster wahrzunehmen und kompetent zu reflektieren. Durch die Anwendung von ethischer Kompetenz wird man nicht automatisch zu einem guten Menschen, aber es soll uns dazu bewegen angemessen zu agieren und versuchen zu verstehen was das wirkliche Problem ist und warum es ein Problem darstellt. Dazu wurde ein Schema der ethischen Urteilsfindung entwickelt. Siehe unten aufgeführte Abbildung. Gleichzeitig warnt er vor der Theorie der schiefen Ebene, wenn z.B. eine Überzeugung vertreten wird und man nicht mehr in der Lage ist die darin enthaltenen Schwächen aufzuzeigen oder wenn wir für Entscheidung X sind, diese aber y zur Folge hat und wir y nicht gut finden und folgedessen uns für x nicht entscheiden wollen.[10]

Problem	Istzustand des ordnungspolitischen Rahmens		
	Konfliktfelder	Interessenfelder	Konfliktfelder
	Interessenfelder	Konfliktfelder	Interessenfelder
	Konfliktfelder	Interessenfelder	Konfliktfelder
	Interessenfelder	Konfliktfelder	Interessenfelder
	⇩	⇩ ⇩ ⇩	⇩ ⇩ ⇩ ⇩
1. Schritt	Sach- und Interessenlage der Konfliktfelder analysieren		
	⇩	⇩ ⇩ ⇩	⇩ ⇩ ⇩ ⇩
2. Schritt	Moralische Prinzipien, Positionen und Überzeugungen formulieren		
	⇩	⇩ ⇩ ⇩	⇩ ⇩ ⇩ ⇩
3. Schritt	Welche Argumente gibt es für bestimmte Handlungsoptionen? Stellungnahme erarbeiten		
	⇩	⇩ ⇩ ⇩	⇩ ⇩ ⇩ ⇩
4. Schritt	Inwieweit können die empfohlenen Handlungsoptionen umgesetzt werden Wie soll das geschehen?		

Abbildung 3: Eigenes Schema der ethischen Urteilsfindung nach Huppenbauer

---

[10] vgl. Huppenbauer 2004, Seite 2

3.2 Systembedingungen

Das Umsetzen von ethischem Führungsverhalten steht immer im Zusammenhang mit der gelebten Unternehmensethik und den Systembedingungen. Um Mitarbeiter in den Veränderungs- und Entscheidungsprozess mit einzubinden ist es zunächst notwendig herauszufinden inwieweit Mitarbeiter und auch der Vorgesetzte selbst auch „reif" und in der Lage sind die Partizipation anzunehmen, zu erfassen und deren Konsequenzen zu begreifen. Ist dem nicht oder noch nicht so, bedarf es einer entsprechenden Personalentwicklung. Siehe auch 4-6. Als weitere wichtige Systembedingung gilt es die verschiedenen Führungsebenen zu einer gemeinsamen Unternehmensethik und gelebten Führungskultur aufzubauen. Widersprechen sich Führungsethik und Unternehmensethik, entsteht ein spürbares Spannungsfeld und kongruentes Verhalten ist aus persönlichen oder gemeinsamen Gründen nicht möglich.

4. PARTIZIPATIVE UND REFLEKTIVE OFFENHEIT (TRANSPARENZ)

Ethisches Führungsverhalten wird oft in vorderster Linie mit Transparenz und Offenheit in Zusammenhang gebracht. In Wirklichkeit wird tatsächlich in vielen Fällen partizipative Offenheit gelebt. Führungskräfte beteiligen Mitarbeiter vordergründig in hohem Maße und beziehen sie in die Entscheidungsfindung mit ein. Die Freiheit die eigene Meinung zu sagen ist dabei der bekannteste Aspekt. Allerdings wird dieses „offene Verhalten" nicht automatisch Offenheit erzeugen. Die meisten Mitarbeiter fühlen sich nur bedingt sicher, wenn sie eine Meinung vertreten, insbesondere wenn sie der des Vorgesetzten widerspricht. Werden die Ansichten zwischen Führungskraft und Mitarbeiter nicht geteilt, entsteht häufig nur ein formaler Entschluss und jeder macht weiter wie bisher, allerdings mit verdeckten Karten. Alternativ wird ein Gruppenbeschluss gefasst, welcher nur einen verwässerten Konsens widerspiegelt und für die Situation weder wirklich zielführend noch ethisch ist.[11] Problematisch dabei ist, je mehr wir miteinander sprechen und Mitarbeiter auffordern ihre Meinung zu äußern, desto eher wiegen wir uns in dem Glauben Offenheit und Transparenz hergestellt zu haben. In Wirklichkeit entsteht aber eher eine Barriere des wirklichen Denken und Fühlens und der geäußerten formalen Meinung in Gremien und Sitzungen. Damit wirkliche Offenheit und Transparenz möglich und ethisches Führungsverhalten gelebt wird, ist es notwendig die partizipative Offenheit mit einer wirklichen reflektiven Offenheit zu verknüpfen. Reflektive Offenheit beginnt mit der Auseinandersetzung mit sich selbst und dem Willen das eigene Denken zu überdenken und zu analysieren. Die eigenen Meinungen werden ausgesprochen, um anschließend

---

[11] vgl. Senge 2003, Seite 337

gemeinsam (Führung und nachgeordnete Mitarbeiter) auf die unterschied-
lichen Denkweisen überprüft zu werden. Angst vor der eigenen Meinung
und diese auch offen zu äußern muss reduziert werden. Es gilt dabei die
Fähigkeit des eigenen Denkens und konstruktiven Hinterfragens auf allen
Ebenen zu fördern.[12] Reflektive Offenheit bedingt Fertigkeiten und die Bereitschaft Beziehungen auf einer Basis von Respekt und ethischem Verhalten aufzubauen und ist nicht allein mit guten Absichten zu erreichen.

5. LOKALE AUTONOMIE (VERTRAUEN)

Weiterhin ist Vertrauen ein wesentlicher Bestandteil von ethischer Führung und Führungsentscheidung. Dabei basiert Vertrauen auf top-down
wie auch bottom-up. Neben der oben bereits erklärten partizipativen und
reflektiven Offenheit gilt es die Handlungsspielräume der Mitarbeiter zu-
nehmend zu erweitern und an die lokalen Einheiten zu verlagern. Bei tra-
diert autoritärem Führen übernimmt die Leitung das Denken und die Basis
das Ausführen. Sinnvolles Handeln und positve Ergebnisse (und damit
Vertrauen) sind in der Regel jedoch nur möglich, wenn Denken und Handeln miteinander verknüpft sind. Dabei stellt sich die Frage wer kontrolliert
und wie erlangt man Kontrolle als Führungskraft? Anordnungen geben ist
nicht automatisch verbunden mit Kontrolle besitzen. Transparenz, wirkliche Offenheit und eine gemeinsame Identität ermöglichen den Aufbau von
Vertrauen und des Teamlernens vor Ort. Aus Kontrolle werden dezentrale
gegenseitige Steuerungsprozesse. Je größer ein Unternehmen, desto
unmöglicher ist eine funktionierende hierarchisch aufgebaute Kontrol-
struktur. Folgendes Beispiel macht dies deutlich: Zwei Rollschuhe sind mit
einem Stab verbunden. Mittels des ersten Rollschuhs wird versucht die
Bewegung des Zweiten zu steuern. Nun wird ein dritter Rollschuh hinzu-
gefügt und ein vierter und fünfter, welche alle mit je einem Stab miteinander verbunden. Inwieweit kann eine wirkliche Kontrolle der Bewegung aller
Rollschuhe durch alleiniges Steuern des ersten Rollschuhes ausgeführt
werden?[13]

---

[12] vgl. Senge 2003, Seite 339
[13] vgl. Senge 2003, Seite 352

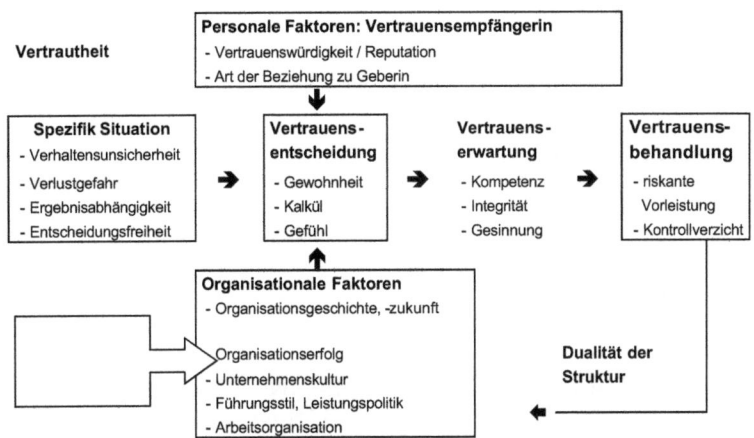

Abbildung 4: Vertrauensmodell (aus Seifert 2001, Seite 116)

6. AUFBAU EINER LERNKULTUR (SICHERHEIT UND KLARHEIT)

Neben den grundsätzlichen Überlegungen, von mitarbeiterbezogenen Interaktionen als ein ethisches Prinzip und die Nutzung der Fachkenntnisse vor Ort, gilt es eine Lernkultur aufzubauen, welche sich an den Bedürfnissen der Mitarbeiter und des Marktes gleichermaßen orientiert. Führungskräfte sind in der Lage die betriebliche Realität wesentlich mitzugestalten. Im Mittelpunkt steht damit das Rollenverständnis als Führungskraft, wobei der Führungsstil, im Vergleich zur Führungspersönlichkeit und Vorbildfunktion, eine nachgeordnete Rolle spielen kann.[14] Ein wesentliches Führungsinstrument ist vor allem die Kommunikation und Glaubwürdigkeit des Managements. Das sich daraus ergebende Vertrauen bietet die Grundlage der Bereitschaft und Fähigkeit von Mitarbeitern sich auf individuelles Lernen und Organisationslernen einlassen zu können.[15]

---

[14] vgl. Karmasin 1996, Seite 348
[15] vgl. Geißler 1998, Seite 194ff

Neben dem Faktor Sicherheit vermitteln (Vertrauensannahme) ist der Bereich Klarheit zum Aufbau einer Lernkultur unabdingbar. Klarheit wird zum einen durch kongruentes und konsequentes Führungsverhalten deutlich. Dazu gehört auch der Umgang mit Fehlern, Problemen und möglichen Konflikten sowie Konfliktunterdrückung. Führungskräfte und nachgeordnete Mitarbeiter stehen in einem wechselseitigen und sich beeinflussenden Vertrauensverhältnis.[16]

Der zusätzliche Aufbau eines Normen- und Ordnungsgerüstes des Gesamtunternehmens dient einerseits zur Klarheit, andererseits je strikter und detaillierter Rahmenbedingungen festgelegt werden, desto geringer sind Handlungs- und Entscheidungsspielräume und demzufolge auch Entwicklungsspielräume für den Mitarbeiter.

7. BEISPIEL EINES ORIENTIERUNGSRAHMENS FÜR ETHISCH VERNÜNFTIGES HANDELN

Dimensionen und Systembedingungen von Führungsauftrag und angewandter Ethik benötigen eine Führungs- und Unternehmenskultur von Transparenz, Vertrauen, Sicherheit und Klarheit für den Einzelnen und das Unternehmen. Ein Orientierungsrahmen und Unterstützung kann neben der Erstellung eines gemeinsam erarbeiteten Leitbildes und im Anschluss daran die Einführung einer Balance Score Card (BSC) sein. Mittels einer BSC wird die Datenflut des operativen Geschäftes auf strategisch relevante Veränderungen fokussiert. Gleichzeitig dient sie als Bindeglied zur Konkretisierung zwischen Strategieentwicklung und Strategieumsetzung. Sie integriert gleichermaßen finanzielle wie auch nicht finanzielle Leistungsdaten in strategische Betrachtung und Umsetzung. Durch seine vier bis fünf ausgewogenen Betrachtungsebenen erhält die Organisation einen Bezugsrahmen der individuell von dem Unternehmen und den verschiedenen Bereichen mit Inhalten gefüllt werden muss. In den beiden nachfolgenden Beispielen wird eine TOP BSC einer Großklinik und die weitere Vorgehensweise schematisch dargestellt.

---

[16] vgl. Seifert 2001, Seite 117

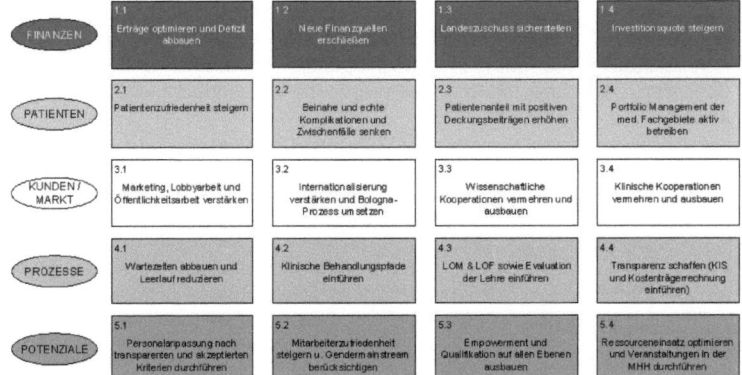

FINANZEN	1.1 Erträge optimieren und Defizit abbauen	1.2 Neue Finanzquellen erschließen	1.3 Landeszuschuss sicherstellen	1.4 Investitionsquote steigern
PATIENTEN	2.1 Patientenzufriedenheit steigern	2.2 Beinahe und echte Komplikationen und Zwischenfälle senken	2.3 Patientenanteil mit positiven Deckungsbeiträgen erhöhen	2.4 Portfolio Management der med. Fachgebiete aktiv betreiben
KUNDEN/ MARKT	3.1 Marketing, Lobbyarbeit und Öffentlichkeitsarbeit verstärken	3.2 Internationalisierung verstärken und Bologna-Prozess umsetzen	3.3 Wissenschaftliche Kooperationen vermehren und ausbauen	3.4 Klinische Kooperationen vermehren und ausbauen
PROZESSE	4.1 Wartezeiten abbauen und Leerlauf reduzieren	4.2 Klinische Behandlungspfade einführen	4.3 LOM & LOF sowie Evaluation der Lehre einführen	4.4 Transparenz schaffen (KIS und Kostenträgerrechnung einführen)
POTENZIALE	5.1 Personalanpassung nach transparenten und akzeptierten Kriterien durchführen	5.2 Mitarbeiterzufriedenheit steigern u. Gendermainstream berücksichtigen	5.3 Empowerment und Qualifikation auf allen Ebenen ausbauen	5.4 Ressourceneinsatz optimieren und Veranstaltungen in der MHH durchführen

Abbildung 5: TOP Balance Score Card einer Großklinik

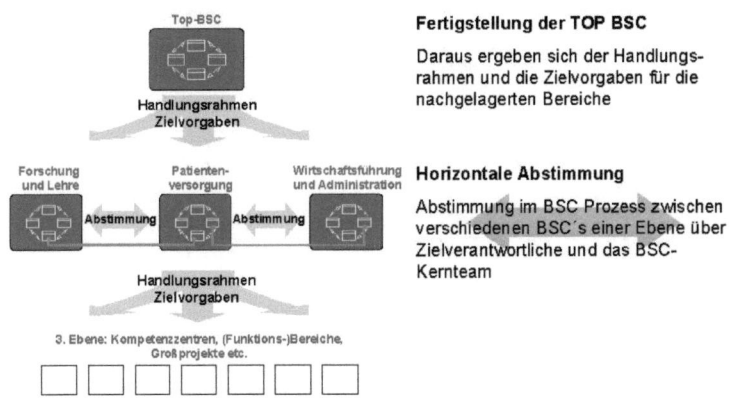

Fertigstellung der TOP BSC

Daraus ergeben sich der Handlungsrahmen und die Zielvorgaben für die nachgelagerten Bereiche

Horizontale Abstimmung

Abstimmung im BSC Prozess zwischen verschiedenen BSC´s einer Ebene über Zielverantwortliche und das BSC-Kernteam

Abbildung 6: Schema der Weiterführung obiger BSC

Voraussetzung für das Funktionieren ist selbstverständlich das Veröffentlichen und Erklären der Betrachtungsebenen auf den verschiedenen Bereichen an alle Beteiligten. Es werden die Zwischenziele von den über- und nachgeordneten Personen gemeinsam gesetzt. Unternehmensziele fließen dabei von oben nach unten. Dadurch wird dem Mitarbeiter die strategische Stoßrichtung vermittelt (Ziele des Unternehmens und der Führungskraft sind bekannt) und er kann bei der Arbeitszielsetzung Entscheidungen mit Hilfe seines eigenen Wissens einbringen, welche seinen eigenen Zuständigkeits- und Verantwortungsbereich betreffen und gleichzeitig über den Tellerrand Informationen über die der anderen Abteilungen erkennen.

1. Legalität:	Ist die Entscheidung oder Handlung gesetzeskonform?
	⇩
2. Pflicht:	Willst du, dass diese Entscheidung oder Handlung zu einem allgemeingültigen Prinzip oder Standard wird?
	⇩
3. Utilitarismus:	Bringt die Entscheidung oder Handlung den größten Nutzen für die größte Anzahl von Personen?
	⇩
4. Goldene Regel:	Willst du, dass das gleiche dir passiert / widerfährt?
	⇩
5. Öffentlichkeit:	Kannst du die Entscheidung im Fernsehen vertreten?
	⇩
6. Unabhängigkeit:	Was würde dir ein kluger Freund raten, der nicht in den Fall verwickelt ist?

Abbildung 7: Kurztest vor einer Entscheidung (aus Berkel 1997, Seite 109)

8. FÜHRUNGSETHIK AN EINEM BEISPIEL IM KRANKENHAUS

In der Folge werde ich versuchen die von mir ausgeführten theoretischen Ansätze in die Praxis zu übertragen und an einem realen Beispiel darzustellen. Bei dem Krankenhaus handelt es sich um eine Universitätsklinik. Der zuständigen Geschäftsführung Pflege obliegt neben dem Personalbudget auch das Budget für Fort- und Weiterbildung in der Pflege. Das Fort- und Weiterbildungsbudget wurde bereits dieses Jahr um ca. 30% gekürzt. Weitere Reduzierungen sind aufgrund der neuen Abrechnungs- bzw. Erlösverfahren (DRG) zu erwarten. Der Trend ist bundesweit zu verzeichnen, mit der Folge, dass langjährig etablierte Fachweiterbildungen nahezu von heute auf morgen in vielen Kliniken ersatzlos geschlossen wurden.

8.1 Ausgangssituation

Fachweiter-bildungen	Intensiv + Anästhesie	Kinderintensiv + Anästhesie	Onkologie	OP	Psychiatrie
Leitung	1	1	1	1	1
Dauer	2 Jahre	2 Jahre	2 Jahre	2 Jahre	2 Jahre
Häufigkeit	jährlich	2 jährig	2 jährig	2 jährig	jährlich
Inhalte Theorie	Teilweise überlappend	Teilweise überlappend	Teilweise überlappend	Teilweise überlappend	Teilweise überlappend
Ergebnis	Staatl. Aner-kennung*	Staatl. Aner-kennung *	Staatl. Aner-kennung*	Staatl. Aner-kennung*	Staatl. Aner-kennung*
Tätigkeitsprofil	unverändert	unverändert	unverändert	unverändert	unverändert
Kostende-ckend**	nein	nein	nein	nein	ja
Arbeitnehmer Verpflichtung	2 Jahre nach Anerkennung	2 Jahre nach Anerkennung	2 Jahre nach Anerkennung	2 Jahre nach Anerkennung	2 Jahre nach Anerkennung
VD***	Ø< 4 Jahre	Ø< 3 Jahre	Ø< 5 Jahre	Ø< 4 Jahre	Ø< 5 Jahre
*	staatliche Anerkennung bezieht sich nur auf Niedersachsen, da Weiterbildungsordnung auf Bundesebene uneinheitlich				
**	kostendeckend würde bedeuten, dass die Theoriestundenkosten (Personalausfall auf Station, Dozentenkosten) und Leitungskosten durch Rückzahlungen und Kooperationsbeteiligungen durch andere Krankenhäuser gedeckt sind				
***	VD = Bedeutet die Verweildauer der Fachweitergebildeten nach Weiterbildungsabschluss				

Abbildung 8: Eigene Darstellung der bestehenden Fachweiterbildungen

8.1.1 Ökonomische Sichtweise

Der Umfang des eigenen Weiterbildungsbudgets wird weniger werden. Erlöse durch Kooperationskliniken werden sich deutlich reduzieren, da auch deren Weiterbildungsaufwendungen sich minimieren werden. Die Freistellung der Weiterbildungsteilnehmer für die theoretischen Unterrichte führt zu erheblichen Mehrbelastungen der anderen Mitarbeiter auf Station und kann aus Budgetgründen nicht anderweitig ausgeglichen werden. Nach der Weiterbildung arbeiten die Mitarbeiter in der Regel in der gleichen Spezialabteilung wie vorher. Die zweijährige Rotation während der Weiterbildung über die verschiedenen Fachbereiche bedeutet einen hohen Anleitungsaufwand und damit verbundene Ressourcenverbrauch. Es erfolgen keine Vorbehaltstätigkeiten durch die Weiterbildung. Im Anschluss an die Weiterbildung verbleiben die Mitarbeiter nur wenige Jahre in der Klinik.

8.1.2 Tradierte Weiterbildung aus Sicht der Mitarbeiter

Das Erlangen der anerkannten zweijährigen Weiterbildung stellt aus Sicht der Mitarbeiter eine Professionalisierung dar und grenzt sie deutlich im Ansehen innerhalb der Pflege von den nicht Weitergebildeten ab. Es gilt nahezu als „Pflichtübung" die Weiterbildung im Bereich Intensiv, Anästhesie, OP und Onkologie zu absolvieren, wenn man sich in den jeweiligen Fachbereichen als fachlich kompetent behaupten will. Gleichzeitig erhalten die Mitarbeiter die Möglichkeit ihr praktisch erworbenes Wissen durch theoretischen Unterricht zu erweitern und zu festigen. Die Rotation über zwei Jahre gibt außerdem die Möglichkeit andere Bereiche kennen zu lernen und als Weiterbildungsschüler zu erleben. Obwohl diese Weiterbildungen wenig bzw. keine Wertigkeit über die Pflegefachgrenzen hinaus besitzen, so war die Anerkennung im Tarifgeschehen ein langer und mühsamer Weg mit dem Erfolg innerhalb des BAT registriert und abgebildet zu werden.

8.1.3 Vordergründige scheinbare Alternativen

Aus kurzfristiger ökonomischer Sichtweise gäbe es die Möglichkeit analog der vielen anderen Kliniken diese Weiterbildungen ganz oder teilweise zu streichen und durch „Learning by doing" und „Training on the Job" zu ersetzen, um den Budgetreduzierungen gerecht zu werden. Eine weitere Alternative wäre die finanzielle Beteiligung bzw. Übernahme der Kosten durch die Weiterbildungsteilnehmer. Außerdem könnten als Finanzausgleich die zweijährigen Weiterbildungen bestehen bleiben und die anderen Fortbildungen nur noch kostenpflichtig angeboten werden.

8.2 Prozessgestaltung

Zunächst wurden die Weiterbildungsleitungen (5) aufgefordert die Inhalte der einzelnen Fachweiterbildungen und Anzahl der Weiterbildungsteilnehmer in den letzten Jahren verbunden mit den daraus entstandenen Kosten und Erlösen für den jeweilig eigenen Bereich zusammenzustellen und bei der Geschäftsführung Pflege (GF-Pflege) einzureichen. Gleichzeitig wurde ein gemeinsames Treffen für die Darstellung der Istsituation und künftige Strategieerörterung der Fach-Weiterbildungen (FWB) vereinbart. Die Geschäftsführung fügte die weiteren Kosten der FWB durch Personalausfall auf den Stationen durch den theoretischen Unterricht hinzu und verfasste eine Übersichtstabelle. In dieser Sitzung wurden die Istsituation und die verschiedenen Sichtweisen wie bereits unter 8.1. erläutert. Gleichzeitig wurde neben dem gemeinsamen Willen, eine adäquate Weiterbildung für die Mitarbeiter zu gewährleisten, auch der Bedarf für weitere Weiterbildungen in den neu entstehenden Bereichen wie Palliativpflege und Intermediate Care genannt.

Die GF-Pflege erteilte den Leitungen den Auftrag eine ökonomisch vertretbare und mitarbeiter- sowie klinikbedarfsorientierte Idee für künftige Weiterbildungen zu erarbeiten. Als Voraussetzung wurde von Seiten der GF-Pflege die Arbeitsplatzsicherung der Leitungen im Bereich Pflegepädagogik einerseits zugesichert und andererseits die verbindliche Aussage getroffen, dass keine zweijährige Weiterbildung mehr nach „altem Muster" beginnen wird. Bereits begonnene Weiterbildungen werden unverändert zu Ende geführt.

Als Ergebnis entstand der Vorschlag die verschiedenen FWB in diverse Module (fachübergreifend und fachspezifisch) aufzuteilen und weiterhin eine staatliche Anerkennung zu gewährleisten. Eine finanzielle Beteiligung der Teilnehmer wurde in geringem Umfang erörtert.

Dieses vorläufige Ergebnis wurde von den FWB-Leitungen den Pflegedienstleitungen vorgestellt und mit ihnen diskutiert. Die Bedürfnisse der Klinik sowie der Mitarbeiter und den ökonomischen Zwängen schien jedoch nicht ausreichend gewichtet zu sein. Mitarbeiter die sich bereits für künftige Weiterbildungen beworben hatten, wurden schriftlich darüber informiert, dass es in Zukunft eine andere Form der Weiterbildungen geben wird und gebeten, sich dann auf Wunsch neu zu bewerben.

Parallel fand eine bundesweite Sitzung des VPU (Verband der Pflegedirektoren der Universitätsklinika) statt. Es entstand eine Arbeitsgruppe zur gemeinsamen Konzepterstellung um die zukunftsorientierten Bedürfnisse der Pflege in den Universitätsklinika, trotz der finanziellen Einschränkungen, zu gewährleisten. Auch hier wurde die Modularisierung der Weiterbildungen favorisiert. Zielsetzung sollte jedoch die universitäre Bedarfsorientierung und gemeinsame gegenseitige auf Bundesebene anerkannte Weiterbildung sein. Diese sollte in erster Linie durch die zusätzliche Kooperation mit der DKG erreicht werden. Damit war die für die „staatliche Anerkennung" notwendige Stundenzahl und andere, teilweise durch die Länder unterschiedliche tradierte und überholte Vorgaben nicht in jedem Fall bedürfnisorientiert und somit hinfällig. Das Ziel war die Anerkennung durch die DKG und der Aufbau analog von „Creditpoints" aus den ärztlichen Fortbildungskatalogen, um eine Wertigkeit über die Pflege- und Landesgrenzen hinaus zu erreichen. Für die Etablierung der neu zu konzipierenden Weiterbildungsmodule haben sich mehrere Unikliniken zur Modellerprobung bereit erklärt, darunter auch diese Universitätsklinik.

Diese neue Entwicklung wurde umgehend innerhalb der FWB-Leitungen und den Pflegedienstleitungen mitgeteilt. Es erfolgte die Zustimmung aller Beteiligten.

Sofort nach der Zustimmung wurden die jeweiligen Fachbereiche (Stationen) über die neue Weiterbildungsweise informiert und in einem breiten Dialog kommuniziert. Zeitgleich wurde der Vorstand für Krankenversorgung über die Vorgehensweise benachrichtigt und die Personalvertretung in Kenntnis gesetzt.

Eine der FWB-Leitungen wurde in die bundesweite Arbeitsgruppe berufen, um die Erfahrungen und fachlichen Kompetenzen in die künftige Modulgestaltung direkt mit einfließen zu lassen. Erste Arbeitsergebnisse sollen im Februar 2005 auf der VPU-Tagung vorgestellt werden.

8.3   Ergebnis

Viele Mitarbeiter begrüßen die neue Entwicklung und sehen darin erhebliche Chancen für die Pflege der Zukunft unter den gegebenen ökonomischen Zwängen und den Bedürfnissen der Klinik im Bereich Pflegewissen. Allerdings gibt es auch eine bedeutende Zahl an Mitarbeitern die diese Entscheidung nicht gut finden und die ursprüngliche Weiterbildung auf jeden Fall beibehalten wollen. Dies trifft insbesondere häufig diejenigen, welche die Weiterbildung bereits absolviert haben und einen „Ansehensverlust" befürchten. Die ersten Module sollen im Spätherbst 2005 beginnen und den Mitarbeitern ermöglichen einzelne oder Gruppen von Modulen zu belegen. Die Zustimmung für die neuen Module durch die Personalvertretung steht noch aus und kann erst beantragt werden, wenn konkrete Curricula vorliegen. In weiteren Gesprächen zwischen der obersten Ebene Personalvertretung und Geschäftsführung Pflege gibt es jedoch bereits deutliche Signale von Seiten des Personalrates sich offen und vorurteilsfrei den neuen Möglichkeiten der Weiterbildung zu stellen.

9. SCHLUSSBEMERKUNGEN

In den vorangegangenen Ausführungen wurde m. E. deutlich, dass Führungsethik weder ein Oxymoron noch eine in sich geschlossene je nach Wunsch und Bedürfnis abrufbare verbindliche Einheit darstellt, sondern im Wesentlichen von der eigenen Führungspersönlichkeit abhängt und wie diese im Einklang oder krassem Gegensatz zum Unternehmen steht. Ethisches Führungsverhalten ist nicht allein dadurch sofort umsetzbar, indem man die Führungspersonen auswechselt. Es gilt vielmehr auch die betroffenen und beteiligten Mitarbeiter zu befähigen sich den daraus folgenden neuen zusätzlichen Herausforderungen anzunehmen. Ethisches Verhalten wird nicht nur von der Führung vorgegeben, sondern muss auch von allen angenommen und gelebt werden (können).

Dabei spielen Mut, Risikoabschätzung, Angst, Pessimismus, Optimismus, Macht, Abhängigkeit und persönliche Interessen und die Auswirkungen persönlicher Verantwortlichkeit für den Einzelnen eine erhebliche Rolle.

Die verschiedenen vorgestellten Schemata zur ethischen Urteilsfindung und Orientierungsrahmen sind nicht allgemeingültig und bedürfen der entsprechenden Anpassung je nach Unternehmensgröße, Reife der handelnden Personen und selbstverständlich auch deren Umfeld. Was in der einen Gesellschaft hilfreich und wirkungsvoll erscheint, kann in einem anderen Land als ungeeignet und wenig hilfreich beurteilt werden.

Verfolgt man diese Gedankengänge weiter stellt sich m. E. die Frage: Inwieweit kann es überhaupt allgemeinverbindliche normative Ethik und damit auch Führungsethik geben. Ist Ethik nicht vielmehr abhängig von Zeit und Raum? Normen, die heute in unserer Gesellschaft Gültigkeit beanspruchen, sind in der Vergangenheit völlig anders bewertet worden und haben in anderen Teilen der Bevölkerung je nach Sozialisation, Umfeld und Abhängigkeiten eine völlig andere Bedeutung und Wertigkeit (z.b. Menschenrechte in der Unterteilung nach Geschlecht, Hautfarbe, Alter, Gesinnung, etc.).

Dennoch gibt es m. E. Grundprinzipien des gegenseitigen Respekts, der Menschenwürde und den damit verbundenen Führungsinstrumenten. Diese sind Bestandteil eigener Führungspersönlichkeit in Verbindung mit gelebter Unternehmensethik und einer kontinuierlichen Interaktion auf allen Seiten mit gegenseitiger Offenheit, Vertrauen und Klarheit.

Ein weiterer wichtiger Aspekt ist, dass Führungsethik nicht erst dann beginnt, wenn ein Problem auftaucht oder eine unangenehme Entscheidung getroffen werden muss, sondern ein grundlegender Bestandteil des gesamten Führungs- und Unternehmensverhaltens darstellt. Plakativ ausgedrückt – Führungsethik ist nicht ein Instrument „zum Feuerlöschen", sondern zur „Feuerprävention" und zukunftsorientierten Unternehmensentwicklung.

Abbildungsverzeichnis

Literaturverzeichnis

Delius, C.: — Geschichte der Philosophie. Köln: Könemann Verlagsgesellschaft mbH 2000

Geißler, H.: — Organisationslernen im interdisziplinären Dialog. Weinheim: Deutscher Studienverlag 1998

Huppenbauer, M.: — Ethik und wie geht es weiter. 2004 Internet: http://www. Chan-gex.de/d_a01248.html Datum Zugriff: 13.11.2004

Karmasin, M.: — Ethik als Gewinn. Wien: Lindeverlag Wien 1996

Märtens, M.: — Ethik als Grundlage für moralisches Handeln in Unternehmungen. München: Hampp Verlag 2000

Mayon-White, W.: — The Ethic of Change Management. Manipulation or Participation. In: Business Ethics. Volume 3, Nummer 4, October 1994

Seifert, M.: — Vertrauensmanagement in Unternehmen. München/Mering: Rainer Hampp Verlag 2001

Senge, P.: — Die fünfte Disziplin. Stuttgart: Klett Cotta Verlag 2003 (9. Aufl.)

Wittmannn, S.: — Ethik im Personalmanagement. Bern/Stuttgart/Wien: Verlag Paul Haupt 1998